내 안의 물고기 그림

내 안의
물고기 그림

이선희 시집

문학의전당

自 序

존재를 환기시키던 주홍빛 상징
그걸 털어버린,
홀가분함
허탈함
가벼움
아프고도 달콤한
텅 빈 몸의 자유

내 것이면서 내 것이 아닌
속살이 붉은 내 그림자…

| 차례 |

1부

내 안의 물고기 그림 • 13
고흐에게 • 14
그곳에 가면 • 16
당신의 바다 • 18
바다, 모노그라피 • 20
바다, 그리움 • 22
바다, 아버지 • 23
바다, 그 사내 • 24
서해안 일몰 • 25
수몰水沒 이후 • 26
하구에서 • 28
솟대가 있는 풍경 • 30
전화를 받으며 • 31
조찬 기도 • 32
한려수도 • 33

2부

거미집 • 37
나무의 꿈 • 38
깨어지는 것은 아름다운 형벌이다 • 40
꽃잎 편지 • 42
배꼽 • 44
비 오는 날의 고등어 • 46
사월 어느 하루 • 48
연 • 50
바람에게 • 51
파를 다듬으며 • 52
종소리 • 54
사랑은 비밀번호다 • 56
지하도를 지나며 • 57
통풍 • 58
하안거가 끝나던 날 • 60
항아리 • 61
찻잔 앞에서 • 62

3부

박물관에서 본 소리 • 67

가을에는 • 68

굴비 • 70

남해대교를 건너며 • 72

가을나무 • 73

느티나무, 그 사내 • 74

보리암 밤길 • 76

소리 하나는 그리움이 되었습니다 • 78

아버지 길 되어 서 계시다 • 80

오랑캐꽃 • 82

오래된 삼월 • 84

대추차를 달이며 • 86

은행나무 사랑 • 87

우수雨水 • 88

4부

나 뱀파이어 • 91

감자를 먹으면서 • 92

김치를 담그며 • 94

나, 아메바 프로테우스 • 95

말, 화살 • 96

밤, 둔치에서 • 98

서랍 • 100

소리형상학 • 102

봄, 몸살 • 103

을숙도는 섬이 아니다 • 104

출입금지구역 • 106

칼 • 107

안중근 의사의 편지 • 108

하루살이 만찬 • 110

해설 손남훈__ '끼인 존재'가 직조한 증명의 언어 • 111

1부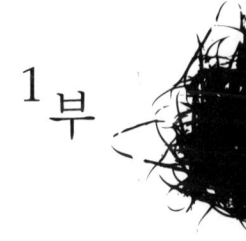

내 안의 물고기 그림

공복의 갯바닥을 기어가는 보이지 않는 손 붉다.
애초에 나는 여덟 개의 손가락을 가진 다지증 물고기였다.
건기乾期의 숲처럼 마른 갯바닥을 점령하기 위해
손가락은 가끔 스스로를 쥐어뜯는 오류를 범하기도 한다.
새로운 것은 또 다른 새로운 것을 위해
부서져야 한다는 발칙한 법칙에
아가미는 허파로 지느러미는 포식자의 손으로
스스로를 해체하고 조립하고 변형시킨다.
삶의 상류와 하류에 사는 물고기들
해안을 거슬러 오르기도 내몰리기도 한다.
몸을 뒤집는 일은 한여름 밤의 꿈*과 같아서
가끔 비이성적 조류에 휩싸여 역류하거나 곤두박질친다.
폭풍우 몰아치는 난바다에서 등을 찢긴 물고기의 오체투지.
단단하고 두꺼운 바다에 맨손으로 그리는 삶의 밑그림

여백이 붉다

*셰익스피어 희곡 중에서

고흐에게

오월 바다에서 청보리 냄새가 나네요
물이랑을 타고 보리 익는 냄새가 득실거려요
통통하게 영근 볼우물이 거기 보여요
이랑 속으로 헤엄쳐 갈수록 내 보폭은 좁아졌어요
큰 산이 지나가고 바위가 지나가고
이랑 속은 온통 시퍼렇게 패여 있어요
누군가의 겨드랑이에서 막 솟아나는
투명한 울음소릴 생각해 보세요
흠뻑 젖은 발자국으로 달려오는 거대한 소리들,
밀봉된 벌판 말이에요
내 귀는 점점 멀어졌거든요
두 개, 네 개, 여덟 개……
귀들이 내 얼굴을 덮어버렸어요
귀 부리에 못을 쳤어요
보세요 바람벽에 깊숙이 몸을 감추고 일어서는 못의 면벽을
못의 희망은 벽이 되는 거 보세요
너무 많은 것들이 벽 속으로 들어와
벽 속으로 흘러나갔다고 서러워 마세요
희망은 늘 울타리 밖에서 피는 해바라기예요

오월 바다는 사각의 관이에요
사방에 숨어있는 소리들이 한꺼번에 달려들어
당신을 삼켜버린,
향기인지 소문인지 들릴 거예요

그곳에 가면

숨은 그림처럼
눈을 뜨고 잠자는 고래가 산다
탕진해버린 등뼈 너덜거리는 꼬리지느러미로
일 년에 한번 대륙붕을 넘어
내게로 오는 고래 한 마리
뚜벅이며 다가와 문지방을 넘는다
메마른 땅에서 파도가 치는 날은
고래를 타고 태평양을 건너고 싶다
뜻밖의 폭풍에 들고 싶다
사방이 파도더미로 덮쳐오고
시퍼런 파도뿐인 나라에 갇혀
한 사나흘 사납게 출렁이고 싶다
황홀한 침몰
구명정이 없어도 두렵지 않다
기꺼이 난파선이 되어 산산이 부서지리라
낭떠러지 없는 세상은 없다고
엎질러진 어깨에 얼굴을 기대고
파랗게 속삭이고 싶다
휘어져 버린 그의 이두박근
보이는 듯 보이지 않는 등을 맞대고

존재의 깊이를 가늠하고 싶다

당신의 바다

바다에도 봄이면 새싹이 돋는가요.
천 길 물속을 헤치고
성난 파도를 뚫고
돋아난 새싹은 아마도 선연한 핏빛이겠지요.

당신은 언제나
내 꿈속에 바다로 누워
살풋이 왔다가
슬그머니 사라지는 파도
간밤 뒤척이던 베갯잇에 묻어나는 뱃멀미에
그대 머물다간 흔적을 털어내며
당신이 오실 날을 손꼽아 봅니다.
이제는 그만
당신의 녹슨 닻을 내려
이 세상 한가운데 돌덩이로 뿌리 내려
애당초 전부가 나의 것이 아니듯이
가슴 그득 그대를 보듬고 싶어요.

삼십 년을 살고도 낯선 당신은
일 년 열두 달을 바다에 파묻고

자투리 세월만 가져다주는 나그네

바다에도 밤이면 비 내리나요.
진달래 꽃잎을 어루만지고
봄 안개 속살을 헹구어내고
당신의 동그란 선창船窓에도
철판 같은 그대 가슴에도 비 내리나요.

가만히 바닷물에 손을 내밀면
선뜻 다가서는 태평양 대서양
손등을 타고 넘는 한 줌 물살이
당신의 바다로 길이 통하고
그토록 아득한
내 이별이
단숨에 무너져 파도를 탑니다

바다, 모노그라피

바다는 사각의 링이다
균형과 중심이 존재하는,
낙차 큰 펀치에 떠밀리며
카운터펀치를 노리는 사내
링 사이드를 빙글거린다 솟구친다
행려처럼 떠도는 사각의 링
선전포고도 없이 몰려드는 펀치에 스텝이 엉킨다
한 장의 흰 수건처럼 표류한다
실전은 연습처럼 연습은 실전처럼
공격과 방어의 테크닉을 적절히 섞어
호시탐탐 날아드는 펀치
낭떠러지 같은 등짝을 안으로 후려치는 막막함
깨어지고 짓찢겨도 주저앉을 수 없는
생이 넌출거린다
전의를 상실한 채 바람벽을 등지고 버성거린다
버성거림은 몸의 힘을 뺀 뒷걸음질이다
숨소리만 수북한 사각의 링
물살 한 움큼 거머쥐고 바람처럼 유연하게
파도처럼 날쌔게 어퍼컷을 날린다
목표점을 향해 한순간 온몸을 일체화시키는 바닷새처럼

숙련된 복서의 강적은 자신 안에 있다
푸른 얼룩으로 점철된
상처도 가끔 빛나는 그림이 된다

바다, 그리움

는개비가 소리 없이 내리고
멀리 보이는 섬들 우산을 받쳐들고 어디론가 떠난다
진경 산수화처럼 펼쳐진 바다
유리창 크기만큼 잘라 우리 집 거실 벽에
슬쩍 걸어두고 싶다
물결이 제 살을 빚어 파도소리로 피어나는 바람벽에 기대면
아슴아슴 머릿결에 날아 앉는 바다내음
나는 퇴화한 아가미를 가진 물고기
나를 범한 것도 나를 가꾼 것도
서슬 푸른 혼이었다
내 핏줄 속 피톨과 피톨 사이
소리 없이 이랑을 내고 가는 발자국들 보인다
몸을 흔들 때마다 느슨해지는 괄약근 속으로
물살 스미는 기척
푸른 멍이 들도록 몸살을 앓는다

바라보기만 해도 가슴까지 차오르는
바다처럼 깊게
바다처럼 아득하게
출렁이고 싶다

바다, 아버지

바다는 내게 헤엄치는 법을 가르쳐주지 않았다
물가에 자주 나가 노는 나를 지켜보지도 않았다
얼굴에 소금꽃 버석이는 어느 날
물에서는 버둥거릴수록 무거워진다고
침묵으로 넌지시 가르쳐준 바다

나는 방파제 너머에 있는 수평선을 기웃거리곤 했다
그때마다 바다는 물간에 나를 가두고 사방에 못을 쳤다
바다가 친 못구멍 속으로 달이 스며들었다
나는 달을 한 조각씩 뜯어먹었다
몸속으로 들어온 달은 씨앗 하나씩 받아내었다
텅 빈 바다에 새들이 불립문자를 새겨놓고 돌아가는 밤
바다는 나를 물속에 던졌다
물을 만난 나는 힘껏 물살을 가르고 앞으로만 나아갔다
결코 뒤돌아보지 않았다

파도를 껴안고 방파제 너머로 가신 아버지
내 바다 위에 둥둥 떠 있었다

바다, 그 사내

그는 푸른 혀와 철썩이는 발바닥을 가진 짐승이다
날빛 이빨을 장착한 그의 입속은
출렁거리는 혓바닥이 울창하다
그는 삼억 년 전 나무처럼 푸른 등피를 가졌다
수천수만의 돌기로 끈적거리며
내가 '비 오니' 하고 물으면 '배가 고파' 하고 대답한다.
그는 언제나 꿈 안에서 나는 꿈 밖에서 술래잡기를 한다.
그가 뱉어낸 은유의 물살이 기억의 퇴적층에 자맥질을 하며
내 울타리를 야금야금 갉아먹는다.
망막 가득 허드레 꿈이나 꾸다
뒷걸음질치며 줄행랑을 놓는 발자국
태풍의 눈처럼 아찔하다
달빛이 통째로 퍼질러 앉아 함함한 입술을 문지르는 밤
낮은 포복으로 종횡무진하다 고삐가 풀려나간 줄도 모르고
짐승보다 더 짐승스러운 본능으로
일 년에 한번
뭍에 올라 몸을 말리고
뭍을 물고 돌아가는 발이 퇴화한
발이 여덟, 발이 아홉인
몸속 가득 포말로 들끓는 짐승,

서해안 일몰

입을 열 때마다 이름 모를 새들은
지상을 가볍게 떠났습니다
새가 떠난 자리만큼 트인 몸속 어디
풍경소리 하나 매달아 놓습니다
사람과 사람 사이 물컹거리는 삶의 개펄
발 담그고 앉아 풍경소리 듣습니다
날쌔게 엄습해오는 바람 고스란히 눌러쓴 채
끊임없이 덮쳐오는 생의 불면증에
짓밟히는 몰골 응시합니다
무리를 잃은 짐승처럼 조금씩 탈진하는 개펄
스멀스멀 물기 빠져나가고
뻘구덕처럼 끈끈한 감각의 구도 속으로
무시로 쏟아지는 풍경소리
생전에 들은 적 없는 소리 나를 때립니다
삭이고 삭여 한 점 모래알로 찍힙니다
혈 자리에 찍힌 독침 같은
꽃잎 지는 시절 소지 올립니다
물결에 걸리면 물결이 되는
서해안 일몰에 발 담급니다

수몰水沒 이후

1
 여자의 집은 사면이 바다였다 밤새 뒤척이다 물이 빠진 자리 허옇게 말라붙은 툇마루가 삐걱거렸다 푸석한 널빤지에 찍힌 바다의 발자국이 선명했다 부드러운 물살과 그 물살 거르는 쳇바퀴 같은 것이 리아스식 마당에 뒹구는 듯했다

 여자는 쳇바퀴 하나 허리에 끼고 멀리 떠다니는 섬을 보았다 솟대 꽂힌 섬 어디서 유년의 뙤약볕이 모래를 태웠다 햇볕이 솟대 위로 왁자지껄 쏟아지고 있었다 끓는 바다 속으로 아무도 그물을 던지지 않았다

 밧줄을 매고 오는 난 바다를 기다리며 여자는 살을 태웠다 발목이 가끔 후들거렸다 늑골 깊숙이 공기주머니 하나 매달고 여자는 심해 속 어디론가 떠나고 있었다 파랗게 발효된 기억의 해류를 거스르고 있었다

2
 석고처럼 단단한 내 몸 어디를 뚫고 삐죽삐죽 가시가 돋기 시작했다 더듬이처럼 어두운 바다를 휘저었다 수몰된 시간 속

을 헤집고 들어갔다 무수한 그물들이 수초처럼 꿈틀거리고 그것은 바다 밑까지 자라고 있었다 그물코마다 사라진 얼굴들이 걸리기도 했다 봉두난발이 된 얼굴은 미역처럼 흐느적 누군가의 이름을 부르는 듯했다

뜨개질을 하고 있는 그녀의 등 뒤에서 해파리 떼들이 몰려왔다 그녀의 손놀림이 해파리의 옆구리를 뜨고 있었다 그녀의 가슴까지 해파리는 엉기다가 사라지곤 했다

나를 미행하던 정체불명의 털실도 해파리였다 내 얼굴을 핥는 혓바닥 속으로 달이 뜨고 있었다

하구에서

갈대밭은 시베리아 벌판의 자작나무 숲을 닮았다

석양에 비낀 숲 속에서 날갯짓 소리가 났다

은빛 날개를 장착한 새들 오래 이루지 못한 잠을 지상에 뿌려놓는다

움츠렸던 건 몸이 아니라 마음이었다

어두워질수록 선명해지는 소리 불똥처럼 날아오른다.

나는 언제나 하늘의 반대편을 향해 날았다

공간을 뛰어넘고 시간을 뛰어넘고 성큼성큼 닿고 싶은 곳

푸석거리는 몸이 달빛처럼 얇아진다.

오늘밤에는 자작나무 등걸로 들어가 새파란 잎으로 돋아날까

설원을 활강하는 독수리 떼 불러 모아 내 몸을 던질까

얼룩진 살점 모두 뜯기우는 화엄의 터널을 지나

하얗게 **뼈**만 남은 그리움 한 그루

바람소리를 들으며

바람이었던 것들 내게서 날려 보낸다

솟대가 있는 풍경

오리 한 마리 바지랑대 끝에 앉아있다
벌거벗은 몸으로 허공을 우러르고 있다
바람과 햇살에 갈라터진 잔등
누군가 지푸라기 몇 오라기 걸쳐놓았다
최후의 깃인 듯 소리 없이 나부꼈다
그 기척에 바다도 산도 흔들렸다
늘 벌거숭이였던 세상
나날이 무너져가는 그림자를 가슴에 묻고
깃을 고르듯 완강하게 들러붙은 목숨을 골랐다
가만히 손바닥을 대어본다
갈라진 틈의 결을 따라 철썩이는 숨소리
미라가 된 숨결은 몸이 지닌 결핍을 풀어 놓는다
문드러진 날개를 퍼덕이며 그리움의 국경을 넘어 간다
노을 속에서 바람이 붉게 타오르고
적멸보궁 같은 섬 한 채 돋아났다
그 간결한 공간의 배치 속에
삭아버린 등**뼈**를 궁굴린 채 앉아있다
허공에 길을 내는 것들의 발은 잘록하고 예리하다
불립문자처럼

전화를 받으며

수화기 속에 파도 소리가 있다
파랗게 젖은 목소리 보인다
철썩 그리움이 튀어 오른다
금세 바다가 된 수화기
물결치듯 헛기침을 해댄다
바닷새처럼 수선스런 부리로
온통 가슴속을 헤집고 다닌다
폭풍주의보가 발효 중이었던가
기억은 없지만
어깨를 들썩이며 키득이는 바다
아무것에도 마음 묶이지 않고
가벼운 발을 가진 새처럼
바다의 겨드랑이나 쪼아대다
내 입술에 푸른 물 들여놓고
이제 그만 자야지
수화기를 타고 내 안으로 쏴르르
물결 스미는 기척이 지나가고
내 뺨 위로 바다의 푸른 뺨이 따뜻하다

조찬 기도

바다는
달착지근한 비린내가 묻어있는
갓 구운 빵이다
파르스름한 이스트가 부풀어 올린
무게에 짓눌린,
베어 물 때마다 입가에 묻는
물보랏빛 부스러기
그리움의 크기만큼 잘라놓고
오렌지색 불빛 아래 모여 앉아
기도처럼 오물거리는
그리움의 힘으로 익은 빵이다
곱씹을수록 단내 나는 그리움
생선가시처럼 잇몸을 찌른다

외로워도 오늘은 파도치지 말자

한려수도

물결처럼 밀려와 닿은
오동도의 낯선 아침
동백은 해무 속에 가라앉는다
남도의 거친 억양이 철썩이는 방파제 끝
절해고도에 쭈그리고 앉아
빠삐용을 생각한다
수천수만 마리 나비 떼로
허우적이는 섬 섬 섬
바다는 끝끝내 한 송이 꽃도 피우지 못한 채
탁한 숨결 지펴 수평선마저 삼켜버렸다
젖은 눈의 바다
그 시야 속에 축조된 불투명한 구조물이
삶이라고
탈출을 꿈꾸는 나그네 발목을
아프게 옭아매는 안개 사슬

만나고 싶구나
겨울바다에 가서
내 속을 함부로 휘젓고 다니다
점묘화로 피어오르는
호랑가시 나비 떼

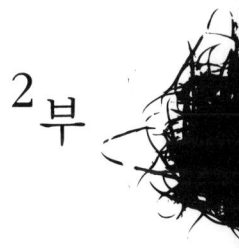

2부

거미집

허공은 과묵한 입이다
입 달린 것들이 무작위로 와글거리는,
하느님도 독차지할 수 없는 허공에
커튼을 치는 그는 소심하다
허공에 걸린 발은 자꾸만 착지점을 헛돌고
허공이 몸을 바꾸고 있다

허공에 대한 선입견을 바꾸기로 했다
확장과 축소를 반복하는
본능보다 영악한 본능
아래로 위로 앞으로 뒤로 종횡무진
잡아당겼다 놓는다
끈적이는 욕망을 접었다 펼치는
그는
허공을 비트는 법을 안다
사면이 비어있는 철옹성
집이란 허공에 창문 하나 달아놓는 것

허공에 발목 잡힌 누군가 퍼덕이고 있다

나무의 꿈

어둠 속에서 물푸레나무들이 움직이기 시작했다

어깻죽지를 타고내린 달빛 장삼처럼 넉넉히 펄럭거렸다

길을 가로막는 어둠의 죽지 어디 깃털이 된 침묵이 날아다녔다

한 타래 침묵을 사랑했다

짙은 빛깔로 엉긴 어둠을 사랑했다

목마른 땅에 부푸는 욕망

욕망이라는 이름 하나 사랑했다

수맥처럼 은밀한 실뿌리를 사랑했다

아무런 미련 없이 뽑히고 싶은 목숨은 처음부터 실뿌리였다

달빛 속에 흔들리는 거미줄 같은 허공을 타고 떠도는 광대패였다

그 패거리에 매달리고 싶다

껄끄러운 목울대 다 꺾어버리고 세상에서 가장 진한 그리움의 언어로

줄기찬 달빛에 머리 싸매고 싶다

깨어지는 것은 아름다운 형벌이다

깨어진 그릇을 줍다 손이 베인다
얼핏 스쳐간 흔적이 붉다
깨어진 모든 것에는 빗금이 박혀있다
몇천 도의 불길을 건너온 흔적일까
시퍼런 열기가 나를 휩쓸고 간다
담홍색 맨살 기꺼이 내어주고
쟁여온 물소리 밀어 올린다
실핏줄을 들추고 켜켜이 밝히는 불씨들
살가죽 어디 길을 내고 있다
타닥타닥 깃드는 불의 득음
적갈색 꽃 숭어리 피어낸다
밤새 내 손끝에서 괴사한 길
내 지문 속에 암모나이트로 박혀있다
깨어지는 건 망가지는 것이 아니야
팍팍한 삶의 경계를 살짝 넘어
서로 조금 간격을 갖는 것
나도 가끔 깨어지고 싶다
이방인처럼 주춤거리며
내 성근 입자 속으로 바람드는 소리
세상 밖으로 조금씩 미끄러지는 소리

나무의 귀를 빌어 듣고 싶다

균열은 밖에서도 오고 안에서도 온다

꽃잎 편지

꽃샘바람에 어이없이 떨어진 꽃잎을 쓸다
실핏줄이 파릇파릇 엉긴 꽃의 절망
꽃무덤을 만들기로 했다
꽃의 속성은 여린 듯 강해 죽어서도 향기가 난다
주검에서 향기가 나는 종족의 정신세계가
꽃샘바람 한 가닥에도 스며있다
그늘에 곱게 말려 너에게 보낸다
늦게 돌아온 너의 책상에 꽃잎으로 피어있을
기다림을 생각해본다
무심코 펴든 편지 속에서 와르르 쏟아지는
꽃잎의 환호
이상은 너의 발아래 밟히는 꽃잎 같고
혹은 너의 발돋움으로도 잡힐 듯 말 듯한
안타까운 꽃잎 같은 거야
하얀 목련이 대낮부터 촛불을 밝히는 봄
피 한 방울 흘리지 않고도 목숨이 피고 목숨이 지는 계절
네가 짊어진 것들은 죄가 아니야
지상에서 보낼 시간의 무게일 뿐
이제 네게도 너만의 영역이 필요하지
씨방을 중심으로 마주보기도 비켜서기도 하며

말하지 않고도 서로를 헤아리는 꽃잎 속으로
햇빛 한 토막이 슬며시 드러눕는다.

배꼽

동그랗게 패인 배꼽을 문지른다
몰래 숨어있던 흙, 바람, 물,
톱니 같은 잎새 달고 줄기 치세우는
은밀한 내막이 들킨다
들킨 것은 아픔이다
아픔의 깊이는 쓰리다
몇 해 전 배꼽 가운데 박혀있던
돌멩이 같은 단단한 비밀
그것 때문에 오래 쓰라렸다
살이 되지 못하고 피가 되지 못한
깊은 혼돈의 늪
때론 칼날 같은 바람이 지나가곤 했다
너무 아려 뱉어낼 수도 없던
깊은 수렁
칡넝쿨처럼 엉클어져 풀리지 않는
그걸 걷어내고자 아니
어떻게 뻗어 가는지 보려고
왼 종일 문지르고 쓰다듬었다
몇 차례씩 손톱 끝마다 달이 뜨고 지고
그날 이후 배꼽에 끼어있던

세월의 비바람을
더 이상 탓하지 않기로 했다

비 오는 날의 고등어

소금에 절인 고등어의 눈은 슬프다.

죽어서도 감기지 않는 눈은 슬프다.

슬픔에 절어 감을 수 없는 눈은 슬프다.

도마에 오른 슬픔은 혀가 없다.

몸속에 내장된 슬픔의 냄새는 짜고 비리다.

뜨거울수록 안으로 숨을 삼키는

유난히 검푸른 슬픔의 뒷덜미,

파도의 마디를 몸속에 쟁여온

슬픔의 등뼈는 의외로 단순하다.

젓가락으로 슬픔의 껍질을 조심스레 들춘다.

슬픔의 결을 따라간다.

양 갈래로 나누어진 잔가지들이 지탱해온 슬픔

내 혀의 독으로 슬픔을 핥는다.

눈을 뜬 채 꿈을 꾸고
눈을 뜬 채 눈을 감는,

사월 어느 하루

장미 엔젤 백합 프리지아 등이
새파란 플라스틱 물통에 활짝 피어있었다
풀 한 포기 피지 못할 것 같던 지난 한파
아무렇지도 않은 듯 훌훌 털고 있다
가늘고 질긴 봄꽃들
꽃들은 늘 제 크기만큼의 봄을
소리 없이 뽑아 올리고 있었다
문득 그에게 전화를 건다
또르르 허공 속을 구르는 기계음
그는 없다
화창한 날엔 오히려 햇볕이 닿지 않는
후미진 곳으로 잠적하고 싶겠지
지하도 깊숙이 그림자를 숨기고
전동차처럼 지나쳐버린 순간들을
느릿느릿 헤아려보는 여유가 그에게도 있지
푸성귀 단을 뒤적여도 보고
과일 전을 서성이며
손끝에 매달리는 궁금증을 떼어내겠지
먼 사막에서 불어오는 싸락눈처럼
까탈스러운 세상바람

헛구역질하듯 라일락이 피는 사월,

연

 가슴 한복판을 도려낸 아픔으로 연은 떠오른다. 바람의 어깨에 가만히 기댄 듯 소스라쳐 놀란 듯 드러난 늑골이 파르르 떨린다. 가끔 가녀린 휘파람소리가 난다. 세찬 바람을 맞받아 안고 투명한 허공 한가운데 북 박힌다. 허공에도 숲이 있어 하늘까지 닿는 나뭇가지들. 줄을 놓아버린 목숨들이 떠돈다는 구천, 눈물 속 소금기의 얕은 부력으로 떠오르는 목숨 창호지처럼 얇은 어깨를 허공에 매단다.

 겨울들판에 탱금을 준다
 감수성이 예민한,
 허공에 균열이 가고 부적처럼 새들 날아오른다
 새들에게도 인연이 있을까
 끈질기게 발목을 감는 생의 실타래
 가슴살을 저며내듯
 사람과 사람 사이 마음이 넘지 못하는
 지평선 너머로 날아가 버린,

바람에게

우리 집 벽장 어디 황소 한 마리 산다 긴긴 겨울밤마다 천식처럼 내뱉는 울음소리 소문 날까 봐 압축 스티로폼으로 도배를 하고 두 겹 세 겹 커튼으로 장막을 친다

꿈을 잉태한 지 서른 해를 넘긴 나 찬바람만 슬쩍해도 안다 무릎 손목 관절이 삐걱거려 파스로 도배를 하고 에어메리 내복으로 두 겹 세 겹 도배를 해도 내 속에서 빠져나가는 황소 울음을 안다

울음 덩어리가 되어 헐떡거리는 겨울 나루터에서 사지 선다 문답 형태로 지근지근 쑤시는 몸살을 안다

아직도 미적거리는 소리를 듣는다 등골에서 회초리처럼 내리치는 소리를 듣는다 오른뺨을 맞으면 왼뺨마저 내놓으라는 말, 이가 시리다

파를 다듬으며

적막 한 줌 다듬었다 가망이 없는
지상의 알몸들은 실신한 듯 모로 누워있다
칼을 들이대다가
적막의 옆구리에서 번지는 아픔을 보았다
뇌리를 엄습하는 매운 눈빛
날카로운 칼날이 내 눈을 찔렀다
퉁겨 나온 눈 부릅뜬 눈 속으로 갑작스레
앰뷸런스가 달려가고 웅성거림이 지나가고
적막은 조금 구겨지는 듯 펴졌을 뿐
한 토막 생선처럼 삶을 토막낸
사건현장에서는 매운바람만 불었다
바람의 겨드랑이를 닦아주었다
천연스레 코를 골며 눈을 감고 누운 적막
불쑥 치켜든 낯선 기억의 크레바스에 빠져
지상의 인연은 허물어져 갔다
가슴살을 쥐어뜯는 외로움을 문질렀다
손가락에 엉겨 붙는 비린내를 긁었다
일회용 밴드로 싸맨 통증
때로는 달콤한 수렁임을 알았다

오랜 객지 잠에 길든
적막의 등에 얼굴을 묻었다

종소리

1

두꺼운 눈이불 뒤집어쓴 나무 한 그루 깊은 동면에 빠져 있어요. 똑똑 노크를 하자 문이 스르르 열리고 봄을 기다리는 타임캡슐들 가지 끝에 타원형의 눈을 매달아요. 대화는 늘 일방적으로 싱겁게 끝나지만 마른기침 소리처럼 발치에서 푸석이는 바람이 가지 끝으로 귀를 세우네요.

유년의 뙤약볕에 버찌처럼 터져버린 소리
도화지 속에 그려놓으면 산비둘기처럼 날아가 버린 소리
오늘은 잿빛 허공에 매달았어요
허공 가득 점묘화로 박히는 그 소리들이
몸 안에 몰래 들어와 집을 짓는 줄도 모르고
나무는 더 깊은 잠속으로 발을 뻗지요

2

방바닥에 엎드려 책이나 뒤적여요 엎드려 꿈꾸고 엎드려 절받고 엎드린 물줄기가 파이프를 타고 방구들을 덥히는 소리에 놀라 눈 뜨지요. 뭉그러진 내 생장점 어디 결빙된 기억을 짊어지고 가는 눈먼 낙타를 만났어요. 한번 발이 빠지면 헤어날 수 없는 사막에서 낙타는 흐린 기억과 경험을 등뼈 속에 간직한다고 누군가 일러주었어요.

꿈속에서는 능소화 마른 덩굴이 몸속으로 길을 끌어당기는 소리 너머로 기척도 없이 매몰되어가는 한 생애가 물결이듯 아른아른 젖어들어요

사랑은 비밀번호다

사랑은 따뜻한 비밀번호다
아무에게나 열리지 않는
너와 함께 오늘밤엔 달을 본다
달 속에 들어앉아
나는 장고를 치고 너는 춤춘다
내 목덜미에 감도는 달빛
그것은 비밀번호다
이윽고 나는 네 문을 딴다
가지런히 늘어선 캐시로비
은근하게 나를 꼬시는 네 앞에서
암호는 사라진 지 이미 오래다
숨 깊이 고르고 토하기를 한다
눈부신 달빛 바다에 어느새 떠돈다
화살표를 찾아 클릭을 한다
수많은 클릭이 부침하는 바다 위
이미 나와 접속된 비밀번호 하나
금단의 열매처럼
투명한 빛깔로 깜빡이고 있다

지하도를 지나며

지하도 한 귀퉁이
누군가 토해낸 꿈이
천연색으로 엉겨 붙어있다
라면 발처럼 꼬불꼬불한 꿈의 잔해
사람들은 미끈거리는 꿈을 버릇처럼 외면했다
문득 어딘가에 닿기 위해
어딘가로 떠난다던 그가 궁금했다
물결보다 한 옥타브 몸을 낮추는 법을 아는
그가 그리워졌다
모든 길은 로마로 통하지 않는다는 걸
내게 가르쳐주고
지금 그는 로마로 가는 비행기에서
검은 넥타이처럼 깊고 습한 길을
내려다보고 있겠지
희미하게 모가 닳아가는 자신의 모습이
가끔은 낯설어진다며
올리브오일과 화이트 와인을 잘 섞은
드레싱을 곁들인 샐러드로 허기를 채운다던
세상의 모든 길은 목구멍으로 통한다던,

통풍

피뢰침을 꽂으며 그가 중얼거린다
입구가 막힌 몸은 거꾸로 세워야 한다고
물길을 다 막아버린 소금으로 만든
계단이 비로소 바닥을 드러낸다
때굴거리며 줄줄 흘러내리며 발바닥을 하늘로 편다
몸속에 모래주머니를 안고 활강하는 날것들은
허공 밖으로 몸을 내어주고
팽팽한 기압골을 끌어당겨 단숨에 산맥을 넘는다
수천수만 개의 침을 꽂고 두 팔 벌린 소나무처럼
조금 단순해진다
내 몸속 본태성 공기압이 가지 치는 소리
쿵쾅이며 달려가는 붉은 파도소리 시끄럽다
그가 중얼거린다
순도가 너무 낮다고 질이 턱없이 떨어졌다고
제값을 매길 수 없어 가슴 한구석에
혓바닥으로 자국 하나 찍는다
그 자국에 네모난 바다 한 장 붙여놓고
아무도 몰래 들여다본다
혼자만 드나드는 몸속으로
두 개의 달이 뜨고

보아뱀 한 마리 고개를 외로 꼰다

바늘은 발등에 꽂았는데 왜
가슴이 따가울까

하안거가 끝나던 날

석남사 뒤뜰 도라지 밭에
하안거를 막 끝낸 도라지꽃
백납처럼 희고 곱다
대낮 밭고랑에 날아 앉는
낯익은 바람의 미소
무심한 뜻인 양 동쪽으로 휘어져
땅바닥에 엎드린 한 인생을 쓰다듬는다
마음의 틈바구니에 출렁이던 바람의 뿌리
뿌리째 뽑아버린 형형한 눈빛

이승이면서 이승이 아닌 곳
존재의 안과 밖은 도라지 꽃잎처럼
얇고 가볍다
저마다의 사연으로 둘러 쳐진 담장 속
꽃은 언제나 사람보다 먼저 핀다

항아리

몸을 둥글게 궁글려 보아
네 안에 누굴 담아 본 적 있니
우리 아픈 죄 까맣게 익어가는 시간만큼
여물어가는 붉은 살비듬 보았니
미움도 오래 담아두면
사랑으로 익는 몸
뜨거운 것들 뜨겁게 식히고
찬 것들은 차갑게 데워
알맞게 부풀어 길어 올리는
저 전생의 몸뚱이
깊이를 알 수 없는 동굴 속 같은
어둠 속에서 빚어내는
점액질의 그리움
오래토록 숨죽여온
한 덩이 따뜻한 슬픔이었지.

찻잔 앞에서

1

이제 그만 엎질러버리고 싶어요 휘저어버리고 싶어요. 좀처럼 헹굴 수도 없는 목마름, 얼룩처럼 앞치마에 찍혀 있어요 뜨거운 목숨도 아닌데 어쩔 수 없는 꿈도 아닌데 꿈속에서 내가 잠시 기울었다 일어서는 소리 들려요 그 소리 무시로 송곳처럼 쿡쿡 찌르는 아픔 알 것 같아요 비어있는 가슴을 더욱 더 긁어 대던 더부살이 같은 물살을 알 것 같아요 견고한 언어의 씨앗 다투어 잎 아무는 기척 알 것 같아요 목마른 얼룩 앞치마에 파고드는 저녁나절의 쓸쓸함도 알 것 같아요 내 삶의 그림자였던 보랏빛 실핏줄에 닿던 칼금 지금도 징그럽게 꿈틀거려요 그리움이란 변증법 데리고 꿈틀거려요 나를 떠난 그대는 이미 멀리 있는데 그 무관심도 관심인 듯 짓궂게도 출렁거리는 나 바람이에요

2

비트 아래 엎드린 아이들은 황사바람을 털고 있어요 어딘가에 있을 풀밭을 기웃대며 지나간 시절을 꿈꾸어요 먼 풀밭 너머 장다리꽃 사이로 아직 알을 까지 못한 벌레들은 썩은 밀납을 게워낸대요 벌레들이 잠든 밀납의 무덤을 지나 무개차가 지

나가지요 풀잎 같은 허리 꺾으며 툭툭 마디 끊어지는 소리 들려요 쇠비름처럼 붉은 길의 줄기를 타고 장다리꽃이 오고 있어요 종알대는 꽃잎이 흔들거려요 무수한 발자국이 파놓은 길바닥을 지나 바람은 가고 장다리꽃 속으로 아이 두엇 종알거리는 소리 들려요 아직도 오지 않는 풀밭을 기웃대는 나를 종알거려요

3부

박물관에서 본 소리

소리들이 대리석에 하얗게 피어있었다
장미 같기도 국화 같기도 한
소리의 줄기는 돌 속에 꽂힌 듯
소리를 머금은 파장은 땅속으로 뻗어있었다
뿌리들이 빚는 소리의 하모니
구심점으로부터 나선형으로 펼쳐져 있었다
손을 내밀자 손바닥에 살며시 기대는 소리 하나
소리는 그리운 곳을 향해 핀다
닿고 싶어도 갈 수 없는 곳
너무 아득해 원근을 그릴 수 없는 곳
초록빛 소리들이 대낮 대리석 가득
무반주 오케스트라로 울려 퍼지고 있었다

가을에는

그리움도 가끔은 접을 수 있었음 좋겠다
핸드폰을 접듯 느릿느릿 접어
헐렁한 포켓 한 귀퉁이에 슬쩍 끼워두고 싶다
아무렇지도 않게 해가 뜨고
아무렇지도 않게 해가 지고
바람이 제 살을 빚어 구절초로 피어나는
언덕 위에 사뿐히 내려앉는
맑고, 높고, 쓸쓸한,

그리움도 가끔은 요란한 소리가 났으면 좋겠다
찌그러진 깡통 같은 심장에
소나기로 박히는 소리의 파편들
속으로만 웃고
속으로만 우는
나무들 제 그림자에 잠기는 산등성이 어디
아무렇지도 않게 달이 뜨고
아무렇지도 않게 달이 지고
산처럼 높게
산처럼 깊게
흔들리고 싶다

가
을
에
는

굴비

1.
조기 한 마리 소금 꽃 덮어쓰고 누워있다
등피를 뚫고 찌릿찌릿 바다가 스밀 때
헐거운 살점을 바짝 조이며
난 바다를 꿈꾸었으리라
출렁출렁거리다 지느러미를 접고
살 속으로 스미는 바다를 껴안았으리라
부레 가득 바다를 싣고 푸른 신열에 들뜬 꿈꾸었으리라
숙성된 바다가 자글거리며 익어간다
노릇노릇한 바다 한 점이
오십 수 년 족히 절은 자반 같은 내장 속으로 침잠한다
변형이 진행 중이다

2.
투탕카멘처럼 누워있다
은모래를 처바르고
하지 무렵 우리는 조금씩 녹진거리고
비가 오면 팔다리가 질척거렸다
간수를 적당히 뿌리고
사지를 늘였다 줄이기를 반복한다

사막에 이글루를 짓고 빙산에 오아시스가 솟고
이름 모를 꽃들은 입에서 입으로 피어난다
은빛 머플러 은빛 신호등 은빛 식량이 거덜날 무렵
모든 바다가 건조해졌다
도시는 덕장처럼 바리게이트를 설치하고
사전 신고가 필요한 장방형의 바다에 누워
발효를 꿈꾼다

남해대교를 건너며

한 장의 엽서처럼 바람은 왔다
물살은 바람의 목덜미를 간질이고
햇빛이 슬그머니 자리를 떴다
알을 까는 바람을 본 적은 없지만
입술 깨무는 산고의 진통도 들은 적 없지만
바람의 낯빛 가만히 들여다보면
신음소리 같은 노랑 빨강 파랑 혹은 검정빛
소용돌이 같은 것이 엉기곤 했다
바람과 물살의 흘레였다
바람은 숨죽인 채 눈을 감았다
어디서 물새가 깃을 치고 있었다
깜부기 같은 부리로 바람의 등을 콕콕 쪼았다
할 수 없다는 듯
바람은 배를 조금 뒤집었다
가시랭이를 세운 햇빛이 뒤집은 배를 긁어대고 있었다
잘 닦은 청보리 이삭이 물살을 일구는
밭두렁 끝이었다

가을나무

그대 엷은 몸속으로 들어가려네
가문비나무 자작나무 목숨 사이사이로 난
하얀 길 따라 그대 몸속 핏줄에 가 닿으려네
설렘으로 팽팽해진 섬세한 물관을 밟고
젖은 숨소리 출렁이는
그대 푸른 정신을 만나러 가네
흉터 같은 옹이 하나 걸어놓고
그대 몸속에 우거져 서러운 옷 벗으려 하네
사랑도 미움도 그리움에 튼 살도
허물 벗듯 차례로 벗어 버리네
그대 완강한 힘살 한 겹 덮고 누워
발효의 시간을 꿈꾸네
마침내 내 몸 녹아 흐르네
썩고 썩은 어두운 힘 그대 관절에 가득 고여
아프게 뜨는 달을 껴안으려 하네

느티나무, 그 사내

양팔을 늘어뜨린 채
햇살 속에 갇혀있는 그 사내
봉두난발 아래 깊숙이 드리운 그늘
짙푸른 그늘 속에 박힌
가시 같은 햇살 뽑아주고 싶다
삼일천하를 얻으려 사람들은 쉽사리
세상을 뒤집기도 하지만
해마다 조금씩 기우는 사내
그 등짝에 움들고 싶다
제 발등을 찧어 시퍼렇게 피워올린
마음의 낱장들
푸드득푸드득 홰를 치는 밤
그 사내 몸에서 사향 냄새가 난다
전생이 노루였을까
산천을 정강이뼈가 부러지도록 내닫던
그의 우듬지에 무시로 퍼붓는 소나기
생의 등줄기는 벼랑처럼 남루해
작은 바람에도 보푸라기가 인다
쓸쓸함도 평화도 놓아버리고
푸르디푸른 그 무게마저 놓아버리고

마음 누이고 싶은 그 사내
겨드랑이에 날개 하나 달아주고 싶다

보리암 밤길

1.
어스름 속에서 너도밤나무 숲이
산문처럼 은근하게 서 있었네
어깨로 흘러내린 비듬을 털며
문전 파도소리에 귀 세우고 있었네
기침소리를 까먹은 어둠이었네
영원이란 말 거푸 수군거렸네
어둠으로 가파른 길을 더듬었네
목마른 땅에도 부푸는 어둠
일체중생의 길이었네
수맥처럼 은밀한 실뿌리였네
아무런 미련 없이 뽑히고 싶은
염원은 처음부터 실뿌리였네
어둠 속에 흔들리는 풍경소리였네
허공을 타고 떠도는 광대패였네
그 패거리에 물밥 한 사발 치고 싶었네
껄끄러운 목울대 다 꺾어버리고
세상에서 가장 진한 그리움의 언어로
줄기찬 어둠에 몸 들이밀었네

2.
수세기 전 내가
툭툭 어둠을 떨구고 있었네
아득한 바다 소리를 길어 올렸네
덧없는 산문에 등 기댄 채
아득한 이름 몇 길어 올렸네
나를 떨치고 나를 짓누르고
나를 짓밟고 나를 흔들고 나를 끌고
내 속의 나를 기웃거리는 어둠
낭떠러지 까마득히 떨구어 버렸네
손바닥을 털고 신발의 흙을 털고
내 머리끝에서 아주 지워버렸네

소리 하나는 그리움이 되었습니다

나무들이 벗어놓은 소리의 숲에서
소리 하나 둥지를 엮었습니다.
모진 바람에 부대낀 죽지를 퍼덕이며
한번 날 때마다 숲이 흔들립니다
길다란 타령조를 그리워합니다.
온몸으로 북을 치고 그 북채
허공으로 둥글게 맴을 돕니다.
걷어 올린 날개 끝에 눈 싸라기 핍니다.
눈부신 눈꽃 환하게 불 켭니다.
허공을 휘젓고 내리치는 불의 장단
나무 몇 그루 덩달아 눈꽃을 매답니다.
몸살 앓는 소리였습니다. 밤마다,
어떤 소리는 우듬지에 나부끼는 깃발입니다.
어떤 소리는 바위틈 서리에서
이끼를 둘러쓰고 세월이 되었습니다.
더 큰 울림으로 태어나고 있습니다.
아무것도 움켜쥘 생각은 없습니다.
아직은 아무것도 말하지 않습니다.
무엇으로도 이름 부를 수 없는 구름
무엇으로도 나부낄 수 없는 깃발

소리 하나는 그리움이 되었습니다.

아버지 길 되어 서 계시다

남해고속도로를 벗어나 하동 땅에 접어든다
띄엄띄엄 줄지어 선 벚나무 행렬
아버지를 땅에 심고 돌아오던 날
봉긋봉긋 꽃망울이 부풀고 있었다
무심한 것 같으니
눈물처럼 맺힌 꽃봉오리를 보며
속이 울렁거렸다

나무는 산 속에 있을 때보다
홀로 길가에 서 있을 때가 더 아름답다
외로움에 구부러진 길가에 선 나무
가무룩히 지워진 길 가장자리에 길이 되어 서 있다

세상 흐름을 벗어나 수면처럼 가라앉은
가지 끝에 새들이 날아오면
잠시 하늘이 출렁이고
아스팔트를 뒤집어 쓴 땅이 말없이 술렁인다
아무런 저항 없이 핏줄이 떨리고
뿌리는 더 큰 힘으로 땅을 움켜쥘 것이다

물건리 고개 너머
아버지가 비워두신 세상 한 자락
길이 되어 서 있다

오랑캐꽃

숨을 들여 마시다 보면
뭉클 허기가 코를 찔러요
돌 한 덩이 무게만큼 주저앉는 느낌
하늘이 너무 멀리 있다는 생각 버리기로 했어요

손 안에 잡히는 바람과 소통하다보면
끊어진 길이 통째로 드러나기도 하지요
한달음에 내닫는 길은 재미 없어요
휘어져 에돌아가는 길을 따라 가다보면
길은 가지를 뻗고 하늘로 오르고 있어요

오르지 못할 곳은 하늘이란 생각 버리기로 했어요
무심코 걷다 접질린 발목처럼
접질린 생각이 지천으로 널브러진 자드락
한 곳을 오래 응시하다 보면 초점이 흐려지는 느낌
내가 나를 너무 오래 방치했다는 걸
수줍게 내민 모가지와 맞닥뜨린 순간 알았어요

짓밟히고 뭉그러진 비탈 가장자리
실오라기 같은 **뼈**마디 끝에 매달린 눈물 방울방울

산새들 동안거에 들고
봄을 외면한 오랑캐의 땅
짓밟혀도 꺾이지 않는 왕소군처럼*
흉노의 늑골을 치고 올라오는 봄
후안무치처럼
먼 북방의 조상을
허름한 이 땅 두덩 밖으로 엉거주춤 영접하였지요

변방에는 하늘이 없다는 생각 버리기로 했어요

* 왕소군 : 한나라 원제의 후궁으로 흉노 호한야의 볼모가 됨

오래된 삼월

사진 속에 나는 눈을 감고 있어요
잠자는 숲 속의 공주처럼
입을 조금 벌리고 상반신 비스듬히
꽃무늬 이불을 덮고 있어요
꽃 속에 나비가 한 마리 앉아있어요
멜로디가 분명하진 않지만 노래 소리가 들려요
나비는 용수철처럼 또르르 말린 입으로
나를 빨아 당겨요 잠보다 더 깊은 곳으로

장다리 밭이었나 봐요
어머니가 호미질을 하고 있어요
겨우내 덮어두었던 검불 속에
눈을 감고 누운 내가 보여요
그만 자고 일어나라고 내 머리카락을 잡아당겨요
뚝뚝 끊어진 머리카락은 굼벵이가 되어 꼼지락거려요
어머니의 날카로운 호미 끝에서
내가 툭툭 으깨져요
쭈글쭈글한 내 등에서 연두색 선혈이 낭자하게 쏟아져
어머니를 덮어버려요
잽싸게 내 등을 파고든 어머니 조금씩 부풀어 올라

아랫목에 동그랗게 누워있어요
조금 벌린 입속으로 젖꼭지를 물려주었어요

대추차를 달이며

솥뚜껑을 닫았다
와글거림을 못 들은 척
들썩거림도 멎고
숨죽인 숨소리만 솥전을 비집고
피시식거린다
육신이 뭉그러지고
육신이 사라지고
육신을 벗은 뒤에 온전히 깨어나는 육신
세상 그물보다 촘촘한 채반을 통과한 한 모금

대나무 끝간데 없는 열정이
제 몸에 마디를 새기듯
대책 없이 쪼아댄 햇살에
탱탱하게 부푼 육신

나도 햇살 좋은 곳만 찾아 나앉는다
그때마다 몸 한구석이 조금씩 쪼그라든다
나는 살아서도 뭉그러진다
때깔 좋은 햇살이 나를 지운다

은행나무 사랑

손바닥으로 하늘을 가릴 수야 있지만
서로의 마음은 가릴 수 없어
두 그루의 나무는 서로 사랑했습니다
다가갈 수도 돌아앉을 수도 없는
둘 사이로 강물 같은 바람만 대책 없이 드나들었습니다.
오뉴월 용광로 속에 짐승처럼 헐떡이며
철옹성 같은 콘크리트 벽을 넘어
눈바라기만 했습니다
그러던 어느 날 소문도 없이
혼전의 새끼들을 주렁주렁 매달고
상습 악플처럼 온몸으로 몸 냄새를 뿌려대고 있습니다
신방을 꾸민 적도 남정네를 들인 적도
그 흔한 스캔들 한 번도 없이
눈길 하나로 잉태한 사랑

스치는 바람에도 아직 그리운 누구 있어
닿을 수도 없는 손 흔들고 있습니다
만질 수 없지만 품을 수 있는 하늘이 거기 있어
살 냄새만 노랗게 풍기고 있습니다.

우수雨水

텃밭에 남새 씨앗 들리던 날
호미 끝에 놀란 개구리
화들짝 달아나며 오줌을 싼다

남새 밭 이랑을 다독이는 손끝에
삭신처럼 온기 도는 흙부스러기

냉이 국에 달래무침
저녁상 물리고
TV연속극 끝난 시간
까치눈 번 손마디에
반질연고 바르시던 할머니
소나무 껍질 같은 할아버지 손등을
마주잡고 부비신다

장지문 밖
열여드레 빗달이
달무리를 지우며
배시시 웃는다

4부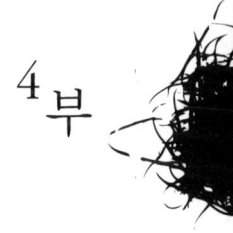

나 뱀파이어

무르익은 그녀의 상처를 핥으며
나 행복했지
주린 들개처럼
불볕에 지글지글 타오르던
그녀의 붉은 가슴팍
송곳니로 날카롭게 찍어 눌렀지
간헐적인 경련이 혓바닥을 타고 흘렀지
피를 보아야 가슴이 뛰는 나
밤마다 엎드린 그녀를 꾀어내는
그것은 달콤한 탐욕이었지
마을은 엎드린 풀처럼 한 묶음씩 침묵을 깔고
오뉴월 오한을 다스렸지
원두막을 들이받는 내 오만한 송곳니에
숨죽인 마을은 숨을 죽였지
무방비 상태로 방어벽이 된 수박껍데기,
철모 같은 이승의 해골을
발길로 걷어 찼지

놀이도 끝나고
흰 이빨을 감추고 발을 씻었지

감자를 먹으면서

1.5톤 트럭을 타고
남지 어느 밭귀에서 왔다는 그는
허여멀쑥한 몸집에
알맞게 살이 올라 내 욕구를 당겼다
겉과 속이 다른 세상에
배반이란 단어를 아예 모르는
두루뭉술한 그의 표정
나는 주저 없이 그를 끌어들였다
일단은 들여 놓고 볼 일이다
햇빛조차 들지 않는 은밀한
골방에 그를 안심시켰다
옷자락에 매달려 눈치나 살피고 있었을
그는 부드러웠다.
밭귀에서 묻은 흙을 씻어주고
냄비 속에 가만히 올려놓았다.
그리고 불을 당겼다. 그에게 알맞은 열탕
그가 꽃피기 시작했다.
내 동물적 본능은 이윽고
그를 깨물어 욕구를 채웠다
발가벗은 그의 육신

허공이 잠시 흔들리곤 했다

극적인 순간에 나는
지그시 눈을 감았다.

김치를 담그며

그녀의 초록빛 스커트를 쓰윽 들추자
속을 꽉 채운 꽃잎
화들짝 눈짓을 한다
도톰한 섬유질이 괄약근처럼
아랫도리를 조이고 있다
단단한 것일수록 쉽게 푸석거리지
나는 너를 쪼갤 수 있는 가장 뜨거운 칼이야
하얗게 바스러지는 살비듬
살비듬을 들추고 소금을 바른다
푸들거리는 소리
살 속에 박힌다
몸속으로 당긴 후끈거림
켜켜이 속잎을 일으켜 세운다
참을 수 없는 뜨거움이 단단한 살갗을 파고든다
들숨이고 날숨이던 햇빛과 빗물의 기억을
조금씩 무너뜨리며
치솟는 갈증을 꾸역꾸역 삼킨다
상처도 없이 숙성되는 그리움
알레르기처럼 온몸에 소름 돋우고
빨갛게 빨갛게 입술을 깨문다

나, 아메바 프로테우스

목울대를 옭죈다
가랑이 사이로 파고든다
몸이 악기며 몸이 무기며 몸이 장기인
진화되지 못한 말 아가미 속에 미끈거린다
깊게 깨문 혓바닥 혹은 입술 위로
기어가는 말의 꼬리 손톱으로 잘라버린다
물컹거리는 전두엽 근처에서
서슬 푸른 촉수 함몰된다
투명한 늑골 속에 종유석 같은
위족을 들이민다
불립문자 같은 몸에서 풍기는
물비린내를 둘러쓰고
점액질의 목덜미를 쓰다듬는다
울창하게 솟은 등뼈 속에 알을 슬어놓고
몰래 꺼내본다
플랑크톤 같은 새끼들 떼거리로 깨어나
붉은 듯 검고 검은 듯 붉은 심장을 점령한다
위조지폐 같은 혀를 날름거리며
탄력성이 강한 잔등을 오그렸다 편다
미움이 늪처럼 펑퍼짐해진다

말, 화살

나뭇잎 하나 우리 집 유리창에 부딪쳐
발자국도 없이 사라집니다
부딪친다는 말과 사라진다는 말에 대하여
그게 말의 상처라는 아픔에 대하여
입김을 불어 넣었습니다
더듬이 같은 말의 싹이 돋았습니다
더듬이는 내 뺨과 목을 쓰다듬고
잠깐 눈 붙인 사이 나를 칭칭 묶었습니다
무수한 말의 더듬이는 내 머리칼이며
눈 코 입을 마구 결박했습니다
묶인 나를 눈사람처럼 떠밀었습니다
내가 떠밀린 미끈거리는 어항 속
붉은 어항 속에서 고개를 외로 꼬고 누운
새 한 마리 만났습니다
새가 두고 온 하늘 수없이 관통한 화살들이
부장품처럼 가슴에 찍혀 있었습니다
무슨 화살이냐고 물었습니다
내 몸을 묶은 말의 더듬이를 새는 가리켰습니다
세상은 더듬이 같은 화살판이라고
새는 가슴을 혓바닥으로 쿡 찍었습니다

순간 나뭇잎 하나
우리 집 유리창에 매달리다 떨어지고 있었습니다
내 가슴을 뚫은 화살이 되어
새에게로 날아가는 걸 보았습니다

밤, 둔치에서

어둠을 덧칠하고 엎드린 나는 한 마리 곤충이었어.
풀숲에 숨으면 풀이 되고 흙속을 파고들면 흙으로 변하는
변화무쌍한 세상 견고한 어둠의 언저리
숨죽인 내 눈 속으로 은하철도 999가 뛰어들었어.
머리부터 덥석 들이미는 그의 체온은 뜨거웠어.
신호등도 없는 바다에 새들이 날뛰고
하늘은 온통 삼각파도에 휩쓸려 침몰하고 있었어.

바위틈에 몸을 누이고
헝클어진 머리나 들쑤시고 있었어
나를 견인해가는 격랑 속 뿔도 깃도 아닌
등피에 돋은 비늘이나 고르는
우화할 수도 진화할 수도 없는
나는 지금 보호색이 필요한 곤충이야
아직 깨지 못한 꿈과 어림없는 욕망이
물결무늬를 쌓았다 허물고
뿌드득 이빨을 세우고 덤비는 바람 앞에
어둠 한 모금씩 들이킨 풀들이
우뚝우뚝 일어서고 있었어
시커멓게 날을 세우고

여포 창날처럼 번뜩이고 있었어

서랍

다섯 개의 입을 가진 여자
다섯 개의 심장을 가진 여자
다섯 개의 침묵을 간직한 여자
다섯 개의 창을 가진 여자
다섯 개의 가지가 난 여자
다섯 개의 씨방을 가진 여자
다섯 개의 감옥 속에 날마다 들어앉는 여자

벽을 관통하기엔 너무 짧은 손가락들
지워진 지문 마구 찍어놓고 달아난다

아이들은 달을 접어 하늘에 띄운다
상승기류를 타고 날아오르는 낮달
여덟 필의 말이 달려가고 있다
맹렬하고 적요한 말발굽소리
허공이 먼저 몸을 열어 주었다
여자는 처음부터 허공이었다
조류와 바람만이 서식하는
내부에 이는 바람조차 조용히 머금는

허공에는 다섯 개의 벽과
다섯 개의 문이 있다

소리형상학

 계단 맨 아래쪽 지하실 문을 열자 퀴퀴한 냄새가 코를 쑤셨다 날아오르지 못한 냄새의 날개들이 푸드득거렸다 날아오르는 일은 그리 단순한 일만은 아니어서 날아오를 때마다 전율이 이는 것이리라 그 떨림이 썩은 진저리를 치는 것이리라 거대한 짐승처럼 땅바닥에 널브러져 아직도 썩고 있다 썩은 날개 한쪽을 집어들었다 좀처럼 본색을 드러내지 않으려는 듯 날개는 푸드득거리며 내 손아귀를 빠져나가려 안간힘을 썼다 현기증이 났다 두 손으로 날개를 움켜쥐었다 순간 썩은 길 하나 허공에 떠올랐다 그 길 쪽으로 날개를 날렸다 주위를 살피자 단단한 금속성 물질이 나를 감금하고 있었다 날지 못하는 나 퀴퀴한 냄새를 몸에 감았다 애벌레 같은 모종의 신호음이 나를 우볐다 돌쟁이의 정소리가 어디서 들리고 나는 그 소리의 숨구멍을 찾아 두리번거렸다 느닷없이 소리의 수채 속으로 빠져들었다 내가 썩을 차례라고 소리는 캄캄하게 내 늑골 한쪽을 탕탕 내리찍고 있었다

봄, 몸살

술기운도 약기운도 아닌 것이
화들짝 감겨들어 나를 쓸쓸하게 하는 것이
눈가를 짓무르게 하는 것이
내 오장을 찐득하게 물어뜯는 그것이
심장을 팔딱거리며
모시나비처럼 날아다니다
한순간 어깨며 머리에 날아 앉아
해끗해끗 웃는 것이
느슨하게 엎드린 모세혈관들
급기야 일으켜 해일처럼 내부를
출렁이게 하는 것이
별들이 한꺼번에 떨어져 내리고
하늘이 서서히 나를 덮쳤다
눈을 감고
바리움보다 치사율이 높은 밤바람을
허파가 터지도록 퍼마셨다
그것뿐이었다

을숙도는 섬이 아니다

을숙도는 이제 섬이 아니다
갈대숲이 아니다
바다로 나가는 길목에
치마끈을 풀어버린 을숙도
개펄도 모래밭도 더더욱 아니다
수시로 드나드는 바닷물에 등 떠밀려
갈대는 몸을 꺾어 제 중심을 잃는다
아픈 부리로 뜨는 물새 또한
저 길목 더 이상 건너지 못한다
썩은 알을 품고 썩은 알을 굴리며
어둠을 앓는 소리 땅에 묻는다
가슴 깊이 바다를 가둔 매립지 너머
바둑판처럼 갈라놓은 어둠을 찍는다
깊고 검은 어둠 잘 길든 칠흑 속에서
송장 썩는 냄새가 코를 찌른다
썩은 알은 더 썩어 강 아래로 쌓인다
바다와 강이 서로 만나는 어귀 어디
병든 화냥기 고스란히 물결에 쓰러진다
아름답던 옛 모습 아직 선연하여
가만히 쓰다듬는다

머리를 하늘에 두고 땅을 딛는 법
새로 배운다

출입금지구역

회초리 같은 길이 종아리를 감았다
없는 길로 발을 들여 놓으면,
벌 떼가 출몰한다는 소문이 떠돌기도 했다
누군가 벌집을 쑤셔놓았다고
벌집을 통째로 뜯어가버렸다고
겁 없는 벌들이 웅성거렸다
그나마 집터가 남은 게 어디냐고
빈둥거리는 병정벌을 족쳤다
꽃은 금지구역 안에서도 피고
금지구역 밖에서도 피었다
꽃받침에 깔려 절뚝이는 금지구역
육각형의 견고한 연결고리가 녹아내렸다
팔방으로 영역을 넓혀가는 물컹한 연결고리
펄럭이는 금지구역을 무시하기 일쑤였다
봉침을 맞고 온 날 상처에서 벌들이 알을 깠다
살 속 깊이 애벌레들이 오글거렸다
육각형의 통증이 범람하기 시작했다
퇴로가 차단된 집단 공격형 통증
없는 길을 물고 내 안에서 붕붕거린다

칼

칼로 베어낸 물의 상처는
다스리지 않아도 아문다
아무리 깊이 베어도 상처가 남지 않는 건
물이 저희끼리 부대끼며 어우러지는 까닭이다
세상의 모든 것들 애당초 그 무엇으로
태어나지 않았듯이
마음 안에 용서라는 나무가 있어
삶의 가지 끝은 늘 푸른가 보다
오래 가두어온 녹슨 꿈은
거친 사포의 완강함보다
부드러운 숫돌에 갈아야 제격이다
갈고 또 갈아 뭉툭해진 이빨
천천히 오래오래 저며내는 무딘 날들
살[刺] 깊이 박힌 살을 밀어낸다

결 고운 어둠 한 점 베어 물고
어디선가 녹슨 칼이 울고 있다

안중근 의사의 편지

1.
꽃 떨어진 자리에 찍힌 꽃의 안태본 그게 꽃의 상처라는 걸 나 알았네 피 한 방울 흘리지 않는 상처에 씨알이 눈 뜨는 걸 알았네 광란하는 피의 창날에 모가지 내 주겠네 한 점 바람으로 떨어져 질곡의 세상에 검은 핏자국으로 남아 더 큰 꽃자리나 마련할까 하네 네모진 창틀에 걸린 쪽박달에 내 마음 띄운다네 그게 그림자 되어 내 뜨락에 한 점 상징으로 피어날 꽃자리라네 허공에 등 기대고 한 백 년 썩고 썩어 내 상처 아무는 꽃자리 보아 두겠네 모진 칼바람에 몸은 결딴났지만 마음까지야 결딴낼 수 없었네 기다리는 일은 언제나 떠난 뒤에 돌아오는 아픔이라네 한 세상 볼모로 사는 법 익혔네 그대가 지어 보낸 무명 고의적삼 영원히 나를 가두는 편안한 감옥이라네

2.
꽃이 피려나 보네 온몸이 후끈대는 걸 보면
툭툭 불거지는 꽃눈 설마
살을 찢어발기는 칼질은 아닐 테지
기댈 곳 없는 어깨 파이프오르간처럼 떨던 밤
꽃이 필 거라고 쉽게 말하지 않겠네

세상을 울리는 북소리 나는 들었네
예리한 칼끝에 휙휙 허공이 토막나고
숨을 곳 없는 익명의 그림자들 쓰러졌네
칩거할 반 평의 땅도 없는 여기
공소시효도 없는 눈이 내렸네

하루살이 만찬

애벌레였음 좋겠어
이런 낭떠러지 같은 시절 앞에서
온갖 푸새들 버무려 그윽하게
혹은 주춤거리며
목숨이라는 끄나풀 잠시 내려놓고
하찮은 날개 끄트머리로
뭉그러진 복사뼈 비늘이나 갉아 먹는 거야
뼈들은 뭉그러져 어디로 가는가
분비물도 그림자도 없는 한 조각
무늬뿐인 소음뿐인 그림자를 묵살하고
단 하루뿐인 보상기간
꼬리만큼 모가지가 짧아졌어
오늘 또 하루를 빌려 쓰고
참나무 껍질처럼 꺼칠꺼칠한 어둠의 군락지에 엎드려
눈 코 입을 차례로 먹어치우는 거야
진지하게

| 해설 |

'끼인 존재'가 직조한 증명의 언어
-이선희의 시세계

손남훈(문학평론가)

1. 증명사진과 정면사진

흘러가는 시간과 연속된 공간은 단 한 번의 조작으로 사각의 평면 안에 붙들린다. '나'는 기억하지 못해도, '나'보다 더 친절하고 자세하게, '나'보다 더욱 '나'답게 사진은 '나'를 기억하고 증명한다. 사진 속 '나'는 사진 밖 '나'와의 시공간의 차이를 넘어, 보이지 않는 항상성과 동일성의 끈으로 긴밀하게 묶인 채, 온전히 지금-여기의 '나'가 '나'임을 증명한다. 거울이 최초로 '나'의 온전한 몸을 증명했다면[1], 사진은 지금-여기의 '나'가 연속된 시공간 속에서 늘 변화해가고 있음에도 불구하고, '나'의 '나'됨을 강퍅하게 증명해버리고 마는 것이다. 그러니 사진을 찍는 일이란(혹은 찍히는 일이란) 변함없이 존재하는 '나'라는 환상을 이미지로 제시함으로써, 필멸하는 인간으로서의 아이러니를 내화하는 것이리라.

그런데 한 존재가 자신을 '증명' 받으려는 노력은 '증명' 되지 않은 채 사라질지도 모른다는 두려움에서 기인한다. 불멸의 존재는 두려움이 없고, 두려움이 없는 존재는 자신을 '증명' 해야 할 이유가 없다. 오직 필멸의 존재만이, 스스로 필멸의 한계 상황을 인식하는 인간만이, 스스로를 증명하려 하고 소멸 이후에도 제 존재의 흔적을 남겨두려 한다.

그렇다면 모든 사진은 증명사진이라 할 수 있겠다. 머리카락을 귀 뒤로 쓸어 넘기고 정면의 렌즈를 굳은 표정으로 응시하는 3×4 사이즈의 사진은 '나'를 아무것도 증명하지 못한다. 차라리 그것은 '정면사진'이라 불려야 할 것이다. 왜냐하면 '정면사진'이 증명하는 것은 그저 평면화된 한 인물의 무미건조한 외양에 불과하기 때문이다. 차라리 얼굴 따위는 나오지 않아도, 당장에라도 사각형 바깥으로 튀어나올 것 같은 입체적

---

[1] 프로이트와 라깡에 따르면, 자신의 몸을 본 적이 없는 아이는 자기 자신을 조각난 몸으로 인식한다. 아이는 거울을 통해 비로소 자신의 몸이 상상적 이자二者 관계인 엄마처럼 완전한 몸이라는 사실을 알게 된다. 아이는 아이 스스로 자신의 몸을 알게 되는 것이 아니라 대상을 통해 자신의 몸을 알게 되는 것이다. 그런 점에서 주체는 원초적으로 타자에 의해 규정되거나 적어도 간접적으로 스스로를 인식일 수밖에 없다는 사실을 알 수 있다.

이고 생동감 있는 피사체를 포착한 사진이 그 사진을 찍은 이나 그 사진에 찍힌 피사체의 존재를 '증명'해준다고 말할 수 있다. 사진은, 나아가 모든 예술은 그와 같은 필멸의 두려움이 만들어 낸 존재의 슬픈 역설을 전제한다.

시인의 언어 또한 마찬가지이다. 언어는 사물을 포획한다. 펄떡거리며 시공간을 활보하던 사물들은 언어에 붙들려 평면 위 굳은 활자로 형해화된다. 언어는 사물을 증명하는 것이 아니라, 되레 사물의 본질을 가리고 죽인다. 시인의 역설은 여기서 탄생한다. 시인은 언어로써 사물의 참모습을 증명하려 한다. '증명' 사진이 존재의 시공간을 잘라내면서도 존재의 참모습을 증명하듯, 시인은 존재를 이미지화하는 언어로 존재의 본질을 포착해내고자 한다.

이선희 시인의 시가 의미심장한 이유는 여기에 있다. 그의 시는 '당신'이라는 그리움의 대상이자 추구해야 할 존재를 이미지로 형상화하지만, 동시에 그를 통해 존재의 참모습에 다가가고자 하는 순수한 시적 의지를 '증명'하고 있다.

2. 추구되는 '그대'

> 그대 엷은 몸속으로 들어가려네/가문비나무 자작나무 목숨 사이사이로 난/하얀 길 따라/그대 몸속 핏줄에 가 닿으려네/설렘으로 팽팽해진 섬세한 물관을 밟고/젖은 숨소리 출렁이는/그대 푸른 정신을 만나러 가네/흉터 같은 옹이 하나 걸어놓고/그

대 몸속에 우거져 서러운 옷 벗으려 하네/사랑도 미움도 그리움에 튼 살도/허물 벗듯 차례로 벗어 버리네/그대 완강한 힘살 한 겹 덮고 누워/발효의 시간을 꿈꾸네/마침내 내 몸 녹아 흐르네/썩고 썩은 어두운 힘 그대 관절에 가득 고여/아프게 뜨는 달을 껴안으려 하네

-「가을 나무」 전문

  이 시에서 "그대"는 시적 화자가 동일시하고픈 대상이다. 물론 "그대"가 누구인지, 무엇을 상징하는 것인지 이 시편 하나로 모두 설명되고 있지는 않다. 다만 우리는 이 시의 시적 화자가 시적 대상을 강렬하게 추구하고 있다는 사실을 확인할 수 있을 뿐이다.

  시적 화자가 부재하는 "당신"을 추구하는 작품은 수없이 많다. 서정시가 추구하는 동일성이 주체와 대상 사이의 거리를 지우는 과정이라 한다면, 어쩌면 이는 보편적인 시적 태도라 말할 수도 있겠다. 그럼에도 이선희 시가 지닌 독특한 점은, 화자가 식물적 상상력을 대상 추구의 적극적 태도로 전화(轉化)시키고 있다는 점이다. 식물적 상상력은 시적 화자의 수동적인 태도를 예표하기 쉬운데, 시인은 식물적 상상력을 바탕으로 하면서도, 적극적인 합일의 의지를 드러내고 있는 것이다. 그것은 역설적으로 시적 화자가 대상 추구의 열망이 얼마나 큰 것인가를 단적으로 알려준다.

  하지만 역설적으로, 시적 화자가 추구하는 "그대"는 시인의 일상에서 결핍되어 있기에 추구될 수 있다. 거리가 없는 대상,

텅 비어 있지 않은 대상은 추구되어야 할 가치가 없다. 시인이 추구하는 대상은 한결같은 모습으로 시인의 곁을 지키는 존재가 아니라 오는 듯 돌아가는, "슬그머니 사라지는 파도" 같은 존재이다.

> 당신은 언제나 내 꿈속에 바다로 누워/살풋이 왔다가/슬그머니 사라지는 파도/간밤 뒤척이던 베갯잇에 묻어나는 배 멀미에/그대 머물다간 흔적을 털어내며/당신이 오실 날을 손꼽아 봅니다./이제는 그만 당신의 녹슨 닻을 내려/이 세상 한가운데 돌덩이로 뿌리 내려/애당초 전부가 나의 것이 아니듯이/가슴 그득 그대를 보듬고 싶어요
>
> —「당신의 바다」 부분

시인에게 "당신"은 "오실 날을 손꼽아" 보면서, "가슴 그득" "보듬고 싶"은 존재이지만, 또한 "슬그머니 사라지는 파도"처럼 언제든 되돌아 가버리는 존재이기도 하다. 때문에 시인은 "이 세상 한가운데 돌덩이로 뿌리 내려" 함께 있기를 소망한다.

시인은 이 시에서 움직임(변화)과 멈춤(불변)의 이미지를 통해 당신-나 사이의 관계를 설정한다. 즉 시인에게 "당신"은 변화무쌍한 존재로, "나"는 변함없이 그리워하는 존재로 설정되어 있다. 그러나 시인은 수동적으로 기다리는 존재가 아니라 "당신"에게 적극적으로 "이 세상 한가운데 돌덩이로 뿌리 내"리기를 요구하는 태도를 보여주고 있기도 하다.

이와 같은 적극적인 태도 변경의 요구는 곧 시적 화자 자신

의 변화 의지를 내포하는 것이기도 하다. 다시 말해, 시인은 "당신"과의 합일을 위해 "당신"의 변화를 요구하기도 하면서도 동시에 자신의 변화를 적극적으로 욕망한다. 그것은 먼저 '경계 넘기'의 사유를 통해서 형상화된다.

> 깨어진 그릇을 줍다 손이 베인다/얼핏 스쳐간 흔적이 붉다/깨어진 모든 것에는 빗금이 박혀있다/몇 천 도의 불길을 건너온 흔적일까/시퍼런 열기가 나를 휩쓸고 간다/담홍색 맨살 기꺼이 내어주고/쟁여온 물소리 밀어 올린다/실핏줄을 들추고 켜켜이 밝히는 불씨들/살가죽 어디 길을 내고 있다/타닥타닥 깃드는 불의 득음/적갈색 꽃 숭어리 피어낸다/밤새 내 손끝에서 괴사한 길/내 지문 속에 암모나이트로 박혀있다/깨어지는 건 망가지는 것이 아니야/팍팍한 삶의 경계를 살짝 넘어/서로 조금 간격을 갖는 것/나도 가끔 깨어지고 싶다/이방인처럼 주춤거리며/내 성근 입자 속으로 바람 드는 소리/세상 밖으로 조금씩 미끄러지는 소리/나무의 귀를 빌어 듣고 싶다//균열은 밖에서도 오고 안에서도 온다

-「깨어지는 것은 아름다운 형벌이다」 전문

"경계를 살짝 넘"는 것조차 "깨어"지는 희생이 뒤따른다. "담홍색 맨살 기꺼이 내어주"는 자기 변경, 자기 희생 없이 "세상 밖으로 조금씩 미끄러지는 소리"는 찾아오지 않는다. 시인의 "형벌"과도 같은 타나토스적인 열망이 끝끝내 "적갈색 꽃 숭어리 피어"내는 에로스적 열망으로 전화轉化되는 과정에는

"깨어지는 것은 아름다운 형벌"이라 진술하는 시인의 적극적으로 희생을 감수하려는 의지가 개입된다. 시인에게 죽음은 곧 새로운 생명을 예비하고 "당신"에게 조금 더 가까이 다가갈 수 있는 극단적이지만 역설적으로 가장 정직한 시적 방법론이다. 일상적인 삶의 한가운데서 마주하게 되는 다음 시의 타나토스적인 상상력 또한 이와 맥을 같이한다.

> 솥뚜껑을 닫았다/와글거림을 못 들은 척/들썩거림도 멎고/숨죽인 숨소리만 솥전을 비집고/피시식거린다/육신이 뭉그러지고/육신이 사라지고/육신을 벗은 뒤에 온전히 깨어나는 육신/세상 그물보다 촘촘한 채반을 통과한 한 모금//대나무 끝간 데 없는 열정이/제 몸에 마디를 새기듯/대책 없이 쪼아댄 햇살에/탱탱하게 부푼 육신//나도 햇살 좋은 곳만 찾아 나앉는다/그때마다 몸 한구석이 조금씩 쪼그라든다/나는 살아서도 뭉그러진다/때깔 좋은 햇살이 나를 지운다
>
> -「대추차를 달이며」 전문

시인은 "대추차를 달이"는 일상적인 행위 속에서 죽음과 삶, 그리고 그 모두를 아우르는 한 존재의 변화무쌍한 목적론적인 상상력을 펼쳐 보인다. 대추차가 "육신이 뭉그러지고/육신이 사라지"는 과정을 통해서야 비로소 "육신을 벗은 뒤에 온전히 깨어나는 육신"을 입듯, 시인 또한 "끝간 데 없는 열정"으로, 죽음을 통해 새로운 삶을 얻고자 하는 존재론적 결단을 감행하고 있는 것이다. 때문에 "조금씩 쪼그라"드는 내 몸, "살아서도

뭉그러"지는 육신, "나를 지"우는 감각은 되레 새로운 생명을 얻기 위한 과정의 일환에 불과하다. 시인은 다음과 같이 말한다. "머리를 하늘에 두고 땅을 딛는 법/새로 배운다"(「을숙도는 섬이 아니다」 부분) 시인은 땅에 거하되, 거기에 안주하지 않는다. 시인에게 육신의 늙음과 죽음을 향해가는 과정은 곧 "하늘"을 향하는 과정이기 때문이다. '하늘-땅'이 완강한 경계에 의해 둘러쳐져 있다 하더라도, 언젠가 육신을 벗고 경계를 넘어서서 '하늘'로 상징되는 완전한 충만의 세계에 닿을 수 있을 것이라 믿는다. 죽음이 곧 삶을 향해 가는 또 다른 과정이라는 시인의 역설적인 존재론은 이선희 시세계를 이해하는 핵심 키워드라 할 수 있다.

3. 현실부재의 대상과 인식부재의 대상

나무들이 벗어놓은 소리의 숲에서/소리 하나 둥지를 엮었습니다./모진 바람에 부대낀 죽지를 퍼덕이며/한 번 날 때마다 숲이 흔들립니다/길다란 타령조를 그리워합니다./온몸으로 북을 치고 그 북채/허공으로 둥글게 맴을 돕니다./걷어올린 날개 끝에 눈싸라기 핍니다/눈부신 눈꽃 환하게 불 켭니다./공을 휘젓고 내리치는 불의 장단/나무 몇 그루 덩달아 눈꽃을 매답니다./몸살 앓는 소리였습니다. 밤마다,/어떤 소리는 우듬지에 나부끼는 깃발입니다./어떤 소리는 바위 틈서리에서/이끼를 둘러쓰기 세월이 되었습니다./더 큰 울림으로 태어나고 있습니다./아무엇도 움켜쥘 생각은 없습니다./아직은 아무것도 말하지 않습니다./무엇으로도 이름 부를 수 없는 구름/무엇으로도 나부낄 수 없는 깃발/소리 하나는 그리움이 되었습니다.

―「소리 하나는 그리움이 되었습니다」 전문

  부재하는 대상에 대한 간절한 그리움을 토로하는 시적 주제는 그리 새롭거나 참신하다고 말할 수는 없다. 그러나 그것은 분명, 그만큼 보편적인 공감의 대상이 되기도 한다는 것을 의미하기도 한다. 그렇다면 대상에 대한 그리움을 어떠한 방식으로 형상화할 때 설득력 있고 새롭게 제시될 수 있는가를 고민하는 것이 시인이 염두에 두어야 할 부분이 된다.

  그런 점에서 이선희 시는 독특한 점이 있다. 즉 시인에게서 대상에 대한 그리움은 주로 소리로 이미지화되고 있다. 「가을에는」, 「박물관에서 본 소리」, 「소리 하나는 그리움이 되었습니다」, 「소리형상학」은 그 대표적인 예로 지목될 수 있는 시편들이다.

  대상의 존재를 주로 시각을 통해 형상화하는 다른 작품들의 이미지 형상화 방식과 달리, 시인은 소리에 주목하여 대상의 존재와 부재 사이의 긴장을 형상화한다. 시각은 대상의 존재와 부재를 매우 즉각적으로 인식하게 하고 반응하게 한다는 점에서 즉물적인 형상화가 가능하다. 그러나 단점도 있다. 대상과 시적 주체 사이의 거리를 우열관계로 치환해버릴 우려가 있다. 다시 말해 내가 바라보는 대상, 대상에게 보이게 된 나라는 이분법적인 태도에 기초한 대상 응시의 방식은 응시의 대상에 대한 응시 주체의 점유욕망을 내화할 수밖에 없다. 대상이 응시 주체의 시선 내부에 머무를 때, 그 대상은 언제든 응시 주체에 의해 제어될 수 있고 재규정될 수 있다. 응시 주체가 지닌 대상에 대한 권력욕이 의식·무의식적으로 시적 화자의 진술에서 묻어나올 가능성이 큰 것이다.

그러나 청각에 의한 형상화는 이와 같은 권력 구도를 생산해내지 못한다. 청각은 대상이 존재하는 위치를 명확하게 알려주지 않는다. 대상의 존재 여부에 대한 정보는 매우 감각적으로 알려주지만, 그것은 되레 대상과의 거리 여부만을 짐작하게 할 뿐이다. 그래서 시인은 "닿고 싶어도 갈 수 없는 곳/너무 아득해 원근을 그릴 수 없는 곳"(「박물관에서 본 소리」 부분)이라는 말로 "소리"로 형상화된 대상을 진술하기도 하는 것이다.

위 시에서도 마찬가지이다. 시인이 결론적으로 말하는 "아직은 아무것도 말하지 않"는다는 신중론은 그것이 "소리"로 형상화되고 있기에 가능한 진술이다. 시각은 대상의 존재와 행동방식에 대한 명확한 정보를 제공해주지만, 청각은 대상의 존재와 부재에 대한 명확한 정보를 제공하지 못한다. 왜냐하면 "아직은 아무것도 말하지 않"을 때, 말하지 않는 대상은 부재하는 것인지, 존재하는 것인지 확신할 수 없기 때문이다.

여기서 이선희 시에서 '대상'이 지니고 있는 독특한 인식 방식이 비로소 해명된다. 이선희 시에서 '대상'은 현실부재의 대상이지만, 그것은 달리 말해, 현실에서 인식되지 않으므로 부재한다고 가정되는 대상이기도 하다. 시인에게 대상은 주로 청각을 통해 감각되기 때문에, 대상의 존재는 가까이에 있다고 가정될 수 있다. 그러나 대상의 존재를 시각으로 경험하지 못한 주체에게, 대상의 존재여부에 대한 확실한 정보는 제공되지 않는다. 다만 "소리"는 "그리움"의 대상에 대한 총괄적인 지표로 작동하게 될 뿐이다.

그것은 "소리"의 주인이 부재하다는 사실에 대한 그리움이 아니라 되레, "소리" 주인이 존재한다는 사실에 대한 그리움이 시의 주제임을 알려준다. 다시 말해, "소리"는 대상의 존재를 알려주면서, 동시에 대상에 대한 인식 여부의 차이를 확인하게 해주는 것이다. 대상은 존재하지 않기 때문에 인식되지 않는 것이 아니다. 대상은 분명히 존재하고 있지만, 인식되지 않기에 존재하지 않는다고 생각될 뿐이다. 많은 시인들이 현실 부재의 대상에 대한 그리움을 노래하지만, 이선희 시인은 존재하지만 인식되고 있지 않는 대상에 대한 그리움을 토로한다. 분명 명민한 시인의 귀에는 "소리"로 인식되지만, 그리하여 대상은 존재하고 있다는 사실을 알고 있지만, 시각과 같은 객관화된 감각지표를 통해 증명할 수는 없으므로 쉽게 존재하지 않는다고 결론 내려지기 쉬운, 그 대상을 시인은 그리워하고 있는 것이다.

그러므로 시인에게 "그대" 혹은 "당신"은 명확히 규정될 수 있는 대상이 아니다. 그것은 "무엇으로도 나부낄 수 없는 깃발", 단지 "그리움"으로만 남게 되는, 추구의 대상으로 존재하는 '어떤 그 무엇' 이다. 이선희 시인이 대상을 '소리'로 형상화하는 것은 매우 적확한 시적 진술방식인 것이다.

4. 끼인 존재로서의 시인과 '바다'의 언어

그럼에도 시인은 지금 여기에서 발견되지 않는 그리움의 대상을 추구한다는 점에서 '인식부재→인식' 혹은 '부재→존재'로 가는 이원적이고 목적론적인 사고를 자주 보여주고 있다.

> 석남사 뒤뜰 도라지 밭에/하안거를 막 끝낸 도라지 꽃/백납처럼 희고 곱다/대낮 밭고랑에 날아 앉는 낯익은 바람의 미소/무신한 듯인 양 동쪽으로 휘고여/땅바닥에 엎드린 한 인생을 쓰다듬는다/마음의 틈바구니에 출렁이던 바람의 뿌리/뿌리째 뽑아버린 형형한 눈빛//이승이면서 이승이 아닌 곳/존재의 안과 밖은 도라지 꽃잎처럼 얇고 가볍다/저마다의 사연으로 둘러 쳐진 담장 속/꽃은 언제나 사람보다 먼저 핀다
>
> ―「하안거가 끝나던 날」 전문

그러나 이선희의 시가 늘 이와 같은 '향일성'의 시적 태도만으로 점철되는 것은 아니다. 그의 시는 추구되어야 할 '하늘'을 향해 머리를 두면서도, 지금-여기의 '땅'에 대해서도 적실한 깊이를 가진다. 위 시에서 시인은 깨달음을 얻기 위한 도량, "석남사"가 아니라 그 "뒤뜰 도라지 밭"에 주목한다. 그곳은 깨달음의 공간이 아니라 되레 "땅바닥에 엎드린 한 인생"이 있는 공간이다. 대상을 추구하기 위해 부단히 노력하는 과정이 아니라 그와 같은 노력 자체가 좌절되고 말살되는 '땅'의 공간을 시인은 연민의 시선으로 바라보고 있는 것이다. 서쪽이 아니라

"동쪽으로 휘어"지는 "바람의 미소"가 발견되는 그곳은 시인이 '하늘'을 향하면서도 '땅'에 발을 붙이고 있다는 사실을 환기한다.

중요한 것은 시인이 '땅'을 바라보는 태도가, "이승이면서 이승이 아닌 곳"이라는 언급과도 같이, '하늘'을 추구하는 방식이 될 수 있다고 믿는다는 데 있다. "존재의 안과 밖", 다시 말해 하늘-땅의 이분법은 절대 넘어서지 못하는 완벽한 경계가 아니라 "도라지 꽃잎처럼 얇고 가"벼운 곳이기 때문이다. 마치 '보살菩薩'이 자신의 구원이 보장되어 있음에도 타자들의 구원을 위해 지상에 머물러 있는 것처럼, 시인은 하늘을 향해 머리를 두는 것이 아니라, 땅을 향해, 동쪽을 향해 머리를 두는 보잘 것 없이 작은 존재들의 가치와 의의에 대해 적극적으로 주목하고 있다. 그렇지 않다면 위 시의 시안詩眼과도 같은 진술, "꽃은 사람보다 먼저 핀다"는 아무런 울림이 없는 표현에 그칠 것이다.

시인이 하늘만을 아우르는 시적 편향성을 지닌다면, 그것은 시의 의미를 단조롭게 할 뿐 아니라 교조적인 대상 추구의 태도로 비추어져 폭넓은 시적 공감대를 확보하지 못했을지도 모른다. 더욱이 적극적인 자기 변경과 희생의지를 통해 현실에 부재하는 시적 이상을 추구하는 강렬한 태도를 지닌 시인이기에, 이와 같은 시적 균제미는 시의 의의와 가치를 더욱 빛나게 한다.

결국 시인은 동물도, 신도 아닌 그 중간에 '끼인 존재'로서의 인간에 대한 적확한 인식론적 태도를 보여주고 있다고 생각

된다. 하늘(이상)을 향한 궁구窮究는 육체의 무게에 힘입어 한계를 가질 수밖에 없지만, 그럼에도 육체의 늙어감을 현실의 허무주의로 대체하지 않는 태도야말로 이선희 시가 갖는 덕목인 것이다.

> 바다는 사각의 링이다/균형과 중심이 존재하는,/낙차 큰 펀치에 떠밀리며/카운터펀치를 노리는 사내/링 사이드를 빙글거린다 솟구친다//(생략)/낭떠러지 같은 등짝을 안으로 후려치는 막막함/깨어지고 짓찢겨도 주저앉을 수 없는/생이 넌출거린다
> ―「바다, 모노그라피」 부분

그렇다면 시인이 '바다'에 대해서 그렇게도 많은 형상화를 시도한 이유를 비로소 이해할 수 있을 것이다. 시인에게 '바다'는 추구되어야 할 대상의 또 다른 언표이다. 그러나 그것은 단순히 시인의 유년 시절을 기억하는 표지도 아니고, 막연한 동경의 대상도 아니다. 시인은 바다를 "균형과 중심이 존재하는" "사각의 링"으로 상상한다. "바다"는 하늘과 땅이 서로 맞닿는 곳이기도 하고, 주체와 대상이 공존하여 "깨어지고 짓찢겨도 주저앉을 수 없는/생"의 다양한 갈등과 힘들이 충돌하고 교류하며, 상쇄, 보강되는 공간이기도 하다. 바다는 "깊게/바다처럼 아득하게"(「바다, 그리움」 부분) 존재하는 것이기에 쉽게 정의될 수 없고 어느 누군가에게 정복될 수도 없다. 다만 시인의 시적 태도에서 확인되는 것처럼 "서슬 푸른 혼"(「바다, 그리움」 부분)으로 "이랑을 내고 가는 발자국들"처럼 차근히 추구되는

대상으로 있는 곳이다. 그러니 그곳은 단순히 '이상'적인 곳도, 허무와 절망만이 존재하는 곳도 아니다. 되레 그 모든 것들이 "넌출거"리는 생의 한가운데로 인식되는 과정 속에서 우리 앞에 다가오는 공간이다.

지금 이선희 시인이 보여주고 있는 '시적 세계-바다'는 대상을 추구하는 시인의 간절한 수직의 태도와, 소외된 존재들에 대한 따스한 연민의 수평적 태도가 공존하면서 한 편의 아름다운 시편을 직조하는 과정이라 말할 수 있겠다. 말할 수 없는 것을 말해야 하는 시인의 천형과 신과 동물 사이에 낀 존재로서의 존재 인식의 역설이 그의 시를, 그의 언어를 늘 생동하는 긴장감들로 채워놓고 있는 것이다. 그러니 우리는 그의 시에서 아직 말해지지 않은 어떤 것, 아직 발견되지 않은 어떤 것을 우리에게 들려줄 수 있을 것이라고 기대를 해봐도 좋겠다. 혹시 모를 일이다. 그의 시편들이 그의 말마따나 "손 안에 잡히는 바람과 소통"하는 것이 되어 "끊어진 길이 통째로 드러나"(「바다, 그리움」 부분)는 과정이 될지도. 그것은 기실, 시인뿐만 아니라 우리 자신을 증명하고 존재하게 하는 과정이 될지도 모를 일이니 말이다.

문학의전당 · 시인선 104
내 안의 물고기 그림

ⓒ 이선희 2010

초판인쇄 2010년 12월 24일
초판발행 2010년 12월 30일

지 은 이 이선희
펴 낸 이 김충규
펴 낸 곳 문학의전당
출판등록 제387-2003-00048호(2003년 9월 8일)

주   소 121-718 서울특별시 마포구 공덕2동 404번지 풍림VIP빌딩 202호
전화번호 02-852-1977
팩시밀리 02-852-1978
블 로 그 http://blog.naver.com/mhjd2003
전자우편 mhjd2003@naver.com

ISBN 978-89-93481-80-8 03810

*이 책의 판권은 지은이와 문학의전당에 있습니다.
*양측의 서면 동의 없는 무단 전재 및 복제를 금합니다.
*잘못된 책은 바꿔드립니다.